ARCHIVES DE FAMILLE

UN

MARIAGE

28 MAI 1881

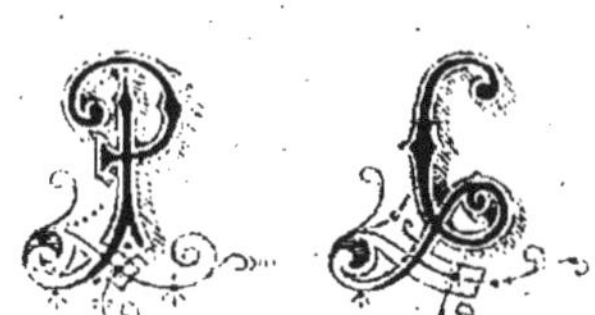

ARCHIVES DE FAMILLE

UN

MARIAGE

28 MAI 1881

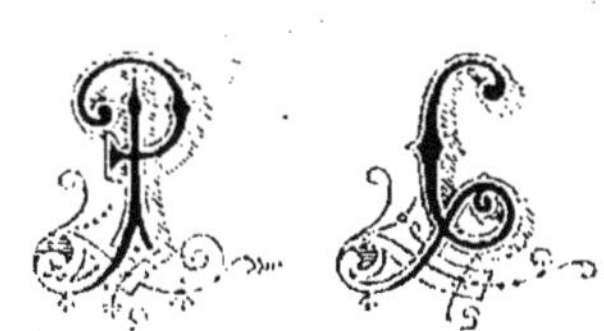

UN MARIAGE

I

En publiant pour le demi-jour de l'intimité cette petite notice, nous n'avons aucune prétention. Elle n'a pour but ni la réclame, ni la vanité. Nous voulons seulement conserver pieusement, dans nos modestes archives, un souvenir parlant d'un des actes les plus importants de la vie, transmettre à nos enfants les témoignages flatteurs d'estime et d'affection qui nous ont été donnés avec tant de bienveillance, afin que, devenus à leur tour des pères et mères de famille, ils puissent dire : « Nos parents furent d'honnêtes gens, probes, laborieux ; connaissant et s'efforçant de remplir leurs devoirs envers Dieu, leurs semblables et la société. Ils ont travaillé pour vivre honorablement et élever convenablement leurs enfants, faisons comme eux, inspirons-nous de leur exemple pour mériter à notre tour la considération publique et la quiétude de la conscience. »

Nous n'avons pas nous autres travailleurs de parchemins à léguer à nos descendants, ni à raconter de hauts fait dont ils auraient à tirer gloire ; il y a des titres et des honneurs que les uns trouvent dans leur berceau en naissant et dont malheureusement trop souvent ils ne soutiennent pas l'éclat malgré l'adage : *Noblesse oblige*. D'autres, et nous sommes de ce nombre, ne peuvent que s'attacher à imprégner les petits êtres que Dieu envoie à leur foyer, de l'amour de l'humanité, de la patrie, de la famille, et leur dire de bonne heure : « Voyez ces diplômes, voyez ces médailles ! chacun de ces objets a été conquis par un dévouement, par un sacrifice, par le risque de notre vie pour sauver un vieillard, une femme, un enfant. Vous devez, en grandissant, faire comme nous. *Noblesse oblige*. »

Qu'on nous pardonne donc une pointe d'orgueil, si orgueil on y voit. Quant à nous, nous ne nous défendons pas d'une certaine fierté. Nous la croyons légitime par les motifs que nous venons d'exprimer. Et d'ailleurs, outre la satisfaction du présent, nous nous plairons, nous et nos enfants, à feuilleter plus tard ces quelques pages, à y revoir des noms révérés, des noms de personnes honorables dont l'amitié est un don précieux, un rayon de bonheur dans notre existence. Et puis... et puis cela ne fait de mal à personne et... plaît à nos cœurs.

II

Le 28 mai 1881, vers dix heures du matin, la rue des Fontaines-du-Temple avait un aspect particulier d'animation. Des groupes causaient devant les portes. De nombreuses voitures déposaient des personnes en grande toilette au nº 13, où se trouvent les ateliers et magasins de broderies de l'importante maison Jolifié. C'étaient les amis et les invités qui venaient pour assister au mariage religieux (1)

(1) Le mariage civil avait eu lieu l'avant-veille, à la mairie du troisième arrondissement.

d'une jeune et gracieuse enfant, Mlle Marie Casabianca, fille de M. Casabianca (Pierre-Hippolyte), directeur des ateliers, et de Mme Casabianca, née Daban (Anne-Honorine). — Le père, ancien sous-officier de l'armée de Crimée, sauveteur médaillé du Gouvernement, est décoré de plusieurs médailles d'honneur pour dévouement et services humanitaires ; il est lauréat, membre et commissaire général de la Société nationale d'Encouragement au Bien, membre de la Société d'Instruction et d'Education populaires, de la Société charitable du Sou du bon Dieu, membre du Conseil d'administration de l'Union centrale des Sauveteurs du département de de la Seine, membre honoraire des Chevaliers Hospitaliers d'Espagne, etc., etc.

Mme Casabianca est également lauréat et membre de la Société nationale d'Encouragement au Bien, pour avoir prodigué des soins gratuits et dévoués aux malades de son quartier, secouru les pauvres et les blessés ; elle a reçu plusieurs médailles et la croix des ambulances.

Le jeune marié est M. Jean Poëncet, déjà décoré par le Gouvernement de trois médailles d'honneur, dont une d'or, pour sauvetages accomplis au péril de sa vie. M. Poëncet est encore membre des Sociétés d'Encouragement au Bien, de l'Instruction, du Sou du Bon-Dieu et membre du Conseil d'administration de l'Union centrale des Sauveteurs, lauréat de la Société nationale d'Encouragement au Bien, en 1881, pour piété filiale et dévouement à la famille.

Un grand nombre de sauveteurs et membres de diverses Sociétés, une députation de l'Union centrale des Sauveteurs, bannière en tête, s'étaient déjà rendus à l'église Sainte-Elisabeth, rue du Temple. Une foule énorme stationnait aux abords.

Les futurs époux, les parents et les témoins font leur entrée, aux sons graves des orgues. Le maître-autel et le chœur sont resplendissants de lumières; la nef est pleine; partout des tapis, des feuillages et des fleurs. Les parents et les témoins prennent place aux fauteuils réservés; les Sauveteurs avec leur bannière viennent ensuite, puis les invités.

Les témoins de M. Poëncet étaient :

MM. Henri GIRAUD, député, président de la Société nationale d'Encouragement au Bien, chevalier de la Légion d'honneur, commandeur de Vénézuela;

Et PINOT (Alexis), membre de la Société d'Encouragement au Bien.

Ceux de Mlle Casabianca étaient :

MM. Honoré ARNOUL, chevalier de la Légion d'honneur, commandeur des Ordres du Christ de Portugal et de Vénézuela, officier de l'Instruction publique, président de l'Union centrale des Sauveteurs, de l'Instruction et du Sou du Bon-Dieu, secrétaire général de la Société nationale d'Encouragement au Bien;

Et JOLIFIÉ (Hippolyte), fabricant de broderies, membre des quatre Sociétés : d'Encouragement au Bien, de l'Instruction, de l'Union des Sauveteurs et du Sou du Bon-Dieu; président fondateur de la Société autorisée d'Encouragement au Travail.

La demoiselle d'honneur était Mlle Pinot (Fanny), et le garçon d'honneur, M. Charles Solier.

Le prêtre officiant était le brave aumônier de

l'Ecole spéciale militaire de Saint-Cyr, M. l'abbé Lanusse, chevalier de la Légion d'honneur, de Léopold de Belgique, de Maximilien du Mexique, sauveteur médaillé du Gouvernement, lauréat de la Société d'Encouragement au Bien, aumônier des Sauveteurs.

Avant de donner aux nouveaux époux la bénédiction nuptiale, le vénérable prêtre prononça l'allocution suivante, au milieu du profond recueillement des assistants, parmi lesquels nous avons remarqué : MM. Paillard, ancien maire du troisième arrondissement, officier de la Légion d'honneur ; A. Duval, avocat, vice-président de l'Union centrale des Sauveteurs et membre du Conseil supérieur de la Société d'Encouragement au Bien ; docteur De Beauvais, officier de la Légion d'honneur, médecin en chef de Mazas ; Mme la comtesse de Musset ; Mme Hess, officier d'Académie, sauveteur médaillée, commandeur de Vénézuela, Dame du Saint-Sépulcre de Jérusalem ; Mme Richault, présidente de la Crèche de Montmartre ; Mme O'Kennedy ; M. Millon, ancien maire de Chaville ; le docteur Boureau, chevalier de la Légion d'honneur, officier d'Académie ; Mme Raoul de Navery, officier d'Académie, commandeur de Vénézuela ; Mme la baronne de Pages, sauveteur médaillée de 1re classe du Gouvernement ; docteur Lemesnager, chevalier de la Légion d'honneur, officier d'Académie ; Couvreux et Descors, membres du Conseil supérieur de la Société d'Instruction ; Piver, officier de la Légion d'honneur ; Canonge, directeur de l'Ecole de tutelle des Apprentis ; Sabatier, officier de l'Instruction publique, tous membres de nos diverses Sociétés.

ALLOCUTION DE M. L'ABBÉ LANUSSE

MES CHERS ENFANTS,

Il m'arrive assez souvent d'être appelé à bénir l'union de nos jeunes officiers, de nos braves soldats. Une telle mission, vous le comprenez, plaît à l'aumônier militaire, surtout, lorsque depuis tant d'années il vit dans cette grande famille dont il a pu apprécier l'honneur et le dévouement. En un mot, prêtre-soldat, j'aime le soldat, je me trouve bien avec lui.

Or, ne pourrais-je pas dire qu'ici encore je suis dans ce milieu qui me plaît ? Toutes ces poitrines sur lesquelles brillent les insignes de l'honneur, n'annoncent-elles pas d'autres combattants ? Mais ceux-ci nous les appellerons les soldats de la paix. Et vous en êtes, mon fils. Depuis de longues années vous servez sous une bannière qui adopta pour devise : « Notre âme à Dieu, notre vie à nos semblables... » la bannière du dévouement le plus absolu dès lors, de l'abnégation la plus complète. Dimanche dernier encore, dans nos grandes assises du bien (1), votre nom déjà si glorieux, n'était-il pas mis à *l'ordre du jour* par cet homme que j'appellerai *un ami du Bon-Dieu?* (2) Qu'il ne me reproche pas de lui donner ce titre, mais qu'il sache bien que je le lui envie. Cinq ou six mille témoins, accourus pour admirer les modestes héros de notre époque, approuvaient cette nouvelle *citation*. J'entends encore les applaudissements qui durent émouvoir votre âme, heureuse d'avoir à déposer encore, dans la corbeille de votre fiancée, le bijou le plus précieux : une autre médaille d'honneur.

---

(1) Distribution des récompenses de la Société nationale d'Encouragement au Bien, le 23 mai, au Cirque d'Hiver.

(2) M. Honoré Arnoul.

Autant nous font frémir les échos de la conscience qui accuse, autant nous réjouissent ceux qui sont provoqués par la vertu.

Et voilà qu'un grand nombre de ceux qui furent ces témoins de votre paisible triomphe ont voulu se trouver à l'une des plus belles fêtes de notre passage ici-bas.

Oui, voyageurs de quelques jours sur la terre, il nous est donné parfois d'avoir de ces solennités qui reposent.

Voyez, mes enfants, tout est fête pour vous aujourd'hui : la famille, de nombreux amis, sont venus, la joie dans le cœur comme vous l'y avez vous-mêmes. La maison de la prière s'est parée de ses plus beaux ornements, elle est ruisselante de lumière et de fleurs ; l'une annonce la foi de votre âme, les autres symbolisent la paix dont jouissent vos cœurs. Oui, le temple de Dieu, la maison du pauvre comme du riche, où l'on vient librement converser avec le Ciel, vous offre sa plus belle parure. Je le crois bien, à part l'idée d'une fête, vous allez accomplir l'un des plus grands actes de votre existence. C'est-à-dire que seuls maîtres de vous-mêmes jusqu'à ce jour, vous ne vous appartiendrez plus, ou plutôt, vous ne ferez plus qu'une existence, un seul être, vous n'aurez qu'un même cœur, poursuivant le même but, resserrant sans cesse autour de vous les nobles chaînes que vous avez ambitionnées, qui vous souriaient, chers enfants.

Aussi, vous êtes-vous préparés pour mériter les faveurs et les grâces que le Ciel vous réserve. Vous avez répondu à toutes les inspirations de votre foi. Oui, vous êtes prêts.

Vous avez médité dans le sanctuaire de vos consciences sur la grandeur de cette union que Jésus-Christ a élevée à la hauteur d'un Sacrement et chargé son Eglise de ratifier à tout jamais.

A tout jamais !... C'est donc jusqu'au dernier de vos jours que vous marcherez ensemble dans le chemin de la vie, heureux du même bonheur, pleurant les mêmes larmes, vous courbant sous le même fardeau ; car, il faut tout dire, notre voyage, ici-bas, n'offre pas que des félicités. On s'arrête pour cueillir une fleur ; je ne sais pourquoi, le plus souvent, pour la posséder, il a fallu écarter quelques ronces, quelques poignantes épines. Et cette vaste croix qui est sur tous les points du monde, pourquoi le plus souvent encore pèse-t-elle sur les épaules de celle qui est appelée à porter le plus beau titre, ce nom de mère qui complète sa grandeur ? Pourquoi ?... Mais, cher fils, je le sais, vous serez, comme on l'a si bien dit, le Cyrénéen qui en prendra la plus grande part. Oui, vous tiendrez à cet honneur, autant qu'à ce devoir. La générosité, le dévouement sont devenus votre nature. Les nobles insignes qui brillent sur votre poitrine, sont comme les rayons des vertus de votre cœur.

Dieu a bien choisi pour vous, ma chère enfant. Je vous en félicite. Rien ne sera changé. N'étiez-vous pas habituée jusqu'à ce jour, dans votre famille, à vivre à côté de braves cœurs que nous voyons dans toutes ces belles Sociétés qui provoquent si largement le bien ? Votre père, ancien soldat de la France, à Sébastopol et ailleurs, a conservé ces vertus militaires qui marchent de pair avec les vertus du chrétien. Votre mère, comme la mère de celui qui va devenir votre époux, ne place-t-elle pas une partie de son bonheur à soigner les pauvres malades ? Ils sont là, versant des larmes, non point parce qu'ils perdent un trésor, il ne sera pas perdu pour eux, ils pleurent parce que la joie a ses larmes aussi, parce qu'elle est mieux écoutée, ce semble, la prière qu'accompagnent les larmes. Vous étiez à bonne école, mon enfant, et vous en avez profité.

Aussi, ne vous parlerai-je point de vos devoirs d'épouse. Votre cœur et votre foi, votre éducation, vous tracent naturellement ce que vous aurez à faire dans cette nouvelle phase de votre existence. Avec la grâce de Dieu et vos vertus, vous serez une épouse comme l'Eglise les veut, une épouse qui rendra heureux celui qui vous a donné et sa main et son cœur.

Vous portez une couronne dont le poids ne paraît nullement vous accabler. Une couronne!... On sait ce qu'elle signifie sur la tête de ceux qui commandent aux nations. Le mariage, mon enfant, est le sacre de la femme, il en fait aussi une souveraine.

On a vu tomber les pesantes couronnes des rois; mais, comme dans le Ciel, il y aura toujours dans la religion qui vient du Ciel, des reines élevées sur un trône de grâce, comme on l'a dit encore, gouvernant le monde, la famille, avec la sublime éloquence d'un regard vers les Cieux, le sourire de la beauté sur les lèvres et un sceptre de fleurs.

Femmes, nos mères si aimées, on a dit que vous étiez la faiblesse! Je dirai que vous êtes la puissance par vos vertus, par votre amour, par cette charité, parfois qui pour carrière voudrait comme celle de Dieu... l'immensité!

Un fait: Dans nos dernières guerres, une femme, un écrivain célèbre (1) dont les livres moralisateurs courent le monde, allait au milieu de la mitraille prodiguer ses soins à quatre soldats grièvement blessés. Un brave capitaine qui était là, à son poste et sans trembler, je vous l'assure, lui dit: « Madame, comment êtes-vous ici? » — « Vous y êtes bien, vous, capitaine. » Réponse sublime dont vous comprenez tout le sens et toute la grandeur. — « Madame, je veux vous accompagner, répliqua le capitaine. » — « C'est bien, et hâtons-nous, les blessures sont des plus graves. » Oh! femme chrétienne, femme française surtout!

La femme! On a beau faire, on a beau dire, le chef-d'œuvre de notre époque, n'est-ce pas la sœur de charité?

(1) Mme Raoul de Navery.

A trois mille lieues de notre chère France, je l'ai vue sur les champs de bataille, sur la paille d'une ambulance improvisée, au milieu de l'impitoyable épidémie. Qu'elle était resplendissante l'auréole de paix et de calme toujours qui brillait sur le front de sœur Joseph qui repose à Mexico, et sur le front de ses chères compagnes ! Il était rare de voir plus de respect et de vénération prodigués à des créatures humaines. Nos soldats les appelaient des anges descendus du Ciel à la supplication de leurs mères.

Je reviens à vous, mon enfant, et je le dis encore : le mariage fait de vous des souveraines, et celui, passez-moi l'expression, qui est heureux de devenir votre sujet, tout à l'heure, à genoux, va vous faire le serment d'une fidélité qui ne soulèvera jamais aucun sombre nuage au-dessus de votre empire et de paix et d'amour.

Sans doute vous allez recevoir un anneau qui *est d'or*..... Mais cet anneau que vous verrez sans solution et sans terme ne signifie qu'une chose qui va parfaitement à vos cœurs. Il est l'image de la fidélité, de l'amour sans limite et sans interruption que vous vous promettez aujourd'hui. Je vais par la prière l'embellir des perles si précieuses de tous les dons de Dieu.

Et maintenant, Seigneur, ouvrez largement vos immenses trésors. Toutes vos bénédictions sur l'aurore de cette vie nouvelle. Qu'elles s'étendent jusqu'à la dernière heure. Ces jeunes époux sont venus vous demander leur part de bonheur sur la terre. Qu'ils soient heureux dans les enfants que vous donnerez à leur amour ! Qu'ils n'oublient jamais que fils des saints, ils ont des droits à l'immortelle vie. Oui, mon Dieu, vous qui les unissez ici-bas, ne les séparez point aux portes de votre éternité.

Et si jamais on vous demande, mes enfants, quel est celui qui appela sur vous l'abondance des bénédictions célestes, vous répondrez : ce fut un ami, un ami véritable, tout dévoué à la France et à Dieu, qui, tout en servant sous le drapeau où brillent ces deux grands mots : *Honneur et Patrie,* accepta de même cette noble devise écrite sur notre bannière par l'homme de bien dont je parlais tout à l'heure (1) : « Aimons-nous, Aidons-nous ! »

Oui, mes enfants, aimez-vous, aidez-vous sous les regards de Dieu, pour que le chemin de la vie soit pour vous moins pénible et vous conduise plus sûrement au ciel.

Le soir, à sept heures, les nouveaux époux, les parents et une cinquantaine d'invités, parmi lesquels plusieurs sauveteurs, prenaient place à un magnifique banquet, dans les beaux salons du restaurant Bonvalet.

Au dessert, un des quatre témoins, M. Honoré Arnoul, se lève et porte le toast suivant :

MESDAMES, MESSIEURS,

Je suis plus heureux, que je ne puis le dire, de me trouver à cette fête de famille. J'y suis pour quelque chose et je m'en félicite. Ce n'est pas d'aujourd'hui que je connais notre excellent ami Casabianca et sa famille. J'ai vu toute petite cette jeune et gracieuse enfant qui, depuis quelques heures, a joint au nom honorable de son père celui d'un des plus vaillants et des plus probes garçons que je sache. Il y a dix-huit ans que je vis, pour la première fois, M. Casabianca ; il s'était bravement conduit en Crimée où il avait été blessé, et, depuis, il avait risqué sa vie pour sauver celle de ses semblables : la médaille d'honneur du Gouvernement l'attestait. J'appréciai bien vite son grand cœur et je lui fus sympathique aussi, sans doute, car jamais, depuis cette époque, son attachement et son dévouement n'ont pas plus faibli que mon estime et mon amitié pour lui. Nommé commissaire général de

(1) M. H. Arnoul.

nos Sociétés, nous n'avons qu'à nous louer de son zèle et de son intelligence. Nous pouvons compter sur lui comme il peut compter sur nous. *(Applaudissements.)*

Aussi, quand M. Poëncet eut remarqué Mlle Marie et m'ouvrit son cœur, je fus enchanté d'avoir été choisi pour trait d'union entre les deux familles.

Je crois pouvoir prédire au jeune couple des jours heureux et bénis. Comment en serait-il autrement? Tous deux ont été élevés par des parents chrétiens, honnêtes, qui n'ont jamais donné que des exemples d'honneur, d'ordre, de travail et de sacrifice. Père, mère et mari portent sur la poitrine les signes visibles des services rendus à l'humanité. La souche est bonne, les rameaux verdiront longtemps. *(Applaudissements.)*

Et vous, mes enfants, aimez-vous toujours, soyez toujours ce que vous êtes : droits, laborieux et dévoués; imitez vos parents qui vous ont légué, sinon la fortune, du moins les moyens de gagner honorablement votre vie et les vertus qui sont le bonheur du foyer domestique. *(Applaudissements.)*

Vous, mon cher Poëncet, de nouveaux et grands devoirs, à partir d'aujourd'hui, vous sont imposés. Vous les connaissez, vous saurez les remplir. N'oubliez jamais que vous vous êtes engagé à vous rendre heureux réciproquement. La nature elle-même semble vous tracer votre ligne de conduite :

Oui, l'homme est l'appui le plus beau,
Et l'espoir d'une femme chère.
On aime à voir le jeune ormeau
S'unir à la vigne légère,
La vigne a des fruits plus nombreux,
L'ormeau plus d'éclat, de parure,
Ainsi le secret d'être heureux
Vous est montré par la nature.

Je bois au bonheur, à la prospérité de nos jeunes époux! *(Applaudissements.)*

Puis, s'adressant à la mariée, M. Arnoul ajoute en lui remettant un écrin :

Mon enfant, il existe dans la famille Poëncet une tradition ancienne et touchante. Le jour où l'aîné se marie, il remet à sa femme la bague d'une ancêtre qui fut très-heureuse en ménage. Ce bijou a déjà passé en plusieurs mains, et toutes celles qui l'ont conservé, avec soin, ont joui d'un bonheur parfait. A vrai dire, je crois peu à la vertu d'un talisman qu'il soit d'or ou de diamant, mais j'ai une foi entière aux vertus de la bonne épouse et de la bonne mère. Je remets donc, plein de confiance, en vos mains, la bague légendaire. Elle sera dignement portée, j'en suis sûr, et vous continuerez ainsi la tradition que je viens de vous faire connaître. *(Applaudissements.)*

M. Jolifié, un des témoins de la mariée, porte le toast suivant :

Mesdames et Messieurs,

En portant un toast du cœur au bonheur et à l'avenir des deux jeunes époux, je crois pouvoir assurer que ce bonheur et cet avenir sont entre bonnes mains. Je les connais. Tous deux aiment le travail, tous deux sont animés des mêmes sentiments d'honneur, de probité, de piété filiale, de dévouement. Avec de telles garanties, ils se rendront de plus en plus dignes de l'estime générale et de la bénédiction de Dieu. Comme patron et comme ami, je bois à la santé et à la prospérité de la famille présente et de la famille à venir ! *(Applaudissements.)*

M. Millon prend la parole à son tour, et dit :

Mesdames, Messieurs

Moi aussi je veux porter un toast du cœur à nos jeunes mariés que j'estime et que j'aime.

Ce toast ne peut être que l'expression des vœux sincères

que nous formons tous pour leur bonheur et leur prospérité.

A la santé des mariés!

N'oublions pas, mesdames et messieurs, dans un même vœu, nos aimables amphytrions. A leurs santés! Et au bonheur de leurs enfants! Que Dieu les protège et leur donne une longue vie. *(Applaudissements.)*

M. Poëncet, très-ému, répond en ces termes :

MESDAMES, MESSIEURS, PARENTS ET AMIS,

Je suis tellement ému, et j'ai le cœur si plein de joie, que je ne peux répondre comme je le voudrais aux souhaits de bonheur et aux bonnes paroles que vous venez de m'adresser. Mais devant vous tous qui nous faites le plaisir d'honorer de votre présence notre fête de famille, je renouvelle le serment que j'ai fait ce matin aux pieds des autels, de rendre ma femme heureuse, autant qu'il dépendra de moi, et comme elle le mérite.

Je sais que ma nouvelle position m'impose des devoirs que je ne veux pas oublier. M. le maire m'a dit : de par la loi, vous devez aide et protection à celle qui vous donne son cœur en échange de votre nom. Je puis vous répondre que ce ne sera pas le code qu'il faudra invoquer pour que le bonheur calme et pur tienne toujours sa place à notre foyer.

Je me souviendrai toujours que j'ai connu Marie et sa famille par M. Arnoul, et qu'il a bien voulu, dans cette circonstance si grave et si importante de ma vie, me conseiller, m'aider, et me servir de père. Ma reconnaissance sera éternelle.

Je bois à ma nouvelle famille et à M. Arnoul, ainsi qu'à vous mesdames et messieurs, qui voulez bien m'honorer de votre amitié!

A dix heures et demie, on passe au salon. Les deux éminentes artistes, Mmes Richault et Rousseil, ont bien voulu dire, avec le talent qu'on leur connaît, la première : *l'Enfant volé*, par Mme de Navery ; la seconde, la fable de La Fontaine : *les deux Pi-*

geons. M. Dielissen a récité de très-beaux vers; MM. Cleetes et Bienfait ont égayé la réunion par leurs jolies chansonnettes comiques.

On ne s'est séparé qu'à minuit, emportant chacun un bon souvenir de cette charmante fête de famille.

X...

Mme Raoul de Navery nous a envoyé les jolis vers que voici. Nous ne saurions mieux terminer cette notice.

SOUVENIR DU 28 MAI 1881

L'église étincelait de flambeaux; et les fleurs,
Mariant à l'envi leurs parfums, leurs couleurs,
Se détachaient en clair sur les rouges tentures.
Des palmiers élégants se mêlaient aux sculptures;
On foulait sous les pieds des tapis d'Orient,
Et rien ne fut jamais plus riche, plus riant,
Que *Sainte-Elisabeth* (1), ce jour-là décorée
Pour voir se célébrer une union sacrée.
Quand la porte s'ouvrit, par groupes, à la fois,
Entrèrent des vieillards tout plastronnés de croix;
Des jeunes gens ayant vingt fois risqué leur vie
Pour disputer et prendre aux flots, à l'incendie,
Des hommes, des enfants menacés par la mort.
Les sauveteurs joyeux, souriant sans effort,

---

(1) L'église de *Sainte-Elisabeth*, rue du Temple.

Rangés sous la bannière à légende héroïque,
Viennent faire cortége à la vierge pudique,
Qui, trouvant sur sa route un homme d'un grand cœur,
Va lui donner le soin de faire son bonheur.
L'heureuse et belle fête! Et combien dans les âmes
On murmure à genoux de doux épithalames;
Et comme vers le père attendri, du regard,
De tout ce franc bonheur on lui fait une part!
On cite de grands noms; on se montre des hommes
Qui sont les vrais héros de ces temps où nous sommes.
Et lorsqu'on vit le prêtre, un vieillard, à l'autel,
Il courut dans les rangs un frémissement tel,
Que les yeux, un instant, se voilèrent de larmes.
Ah! c'est que celui-là suivit partout nos armes!
Au Mexique, en Crimée, au milieu des combats,
Parlant de Dieu, montrant le ciel à nos soldats;
Pour chercher les blessés, traversant la mitraille,
On le voyait passer sur les champs de bataille.
Il était revenu célèbre, bon et doux;
Et les cœurs se fondaient à le voir parmi nous...
Il parla... Vous voyez ce que trouva son âme,
Pour les parents, l'époux, et pour la jeune femme.
Ah! qu'il soit exaucé! Que ceux qu'il a bénis
Dans le bonheur, l'amour, soient à jamais unis.
Que pour eux chaque jour ressemble à cette fête;
Que le ciel reste pur au-dessus de leur tête;
Qu'ils entendent sans fin, dans le fond de leur cœur,
Chanter cet oiseau bleu qu'on nomme le bonheur;
Qu'ils gardent, cœurs ardents, ingénus et fidèles,
Les vertus qui, pour nous, font les heures si belles;
Et qu'en citant leurs noms, un jour on dise d'eux :
« Ils n'eurent point d'histoire! Et vécurent heureux! »

RAOUL DE NAVERY.

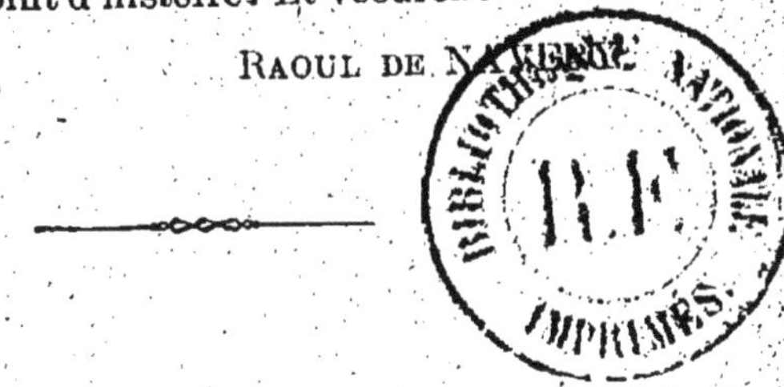

Paris. — Imp. Duval, rue d'Arcet, 26.

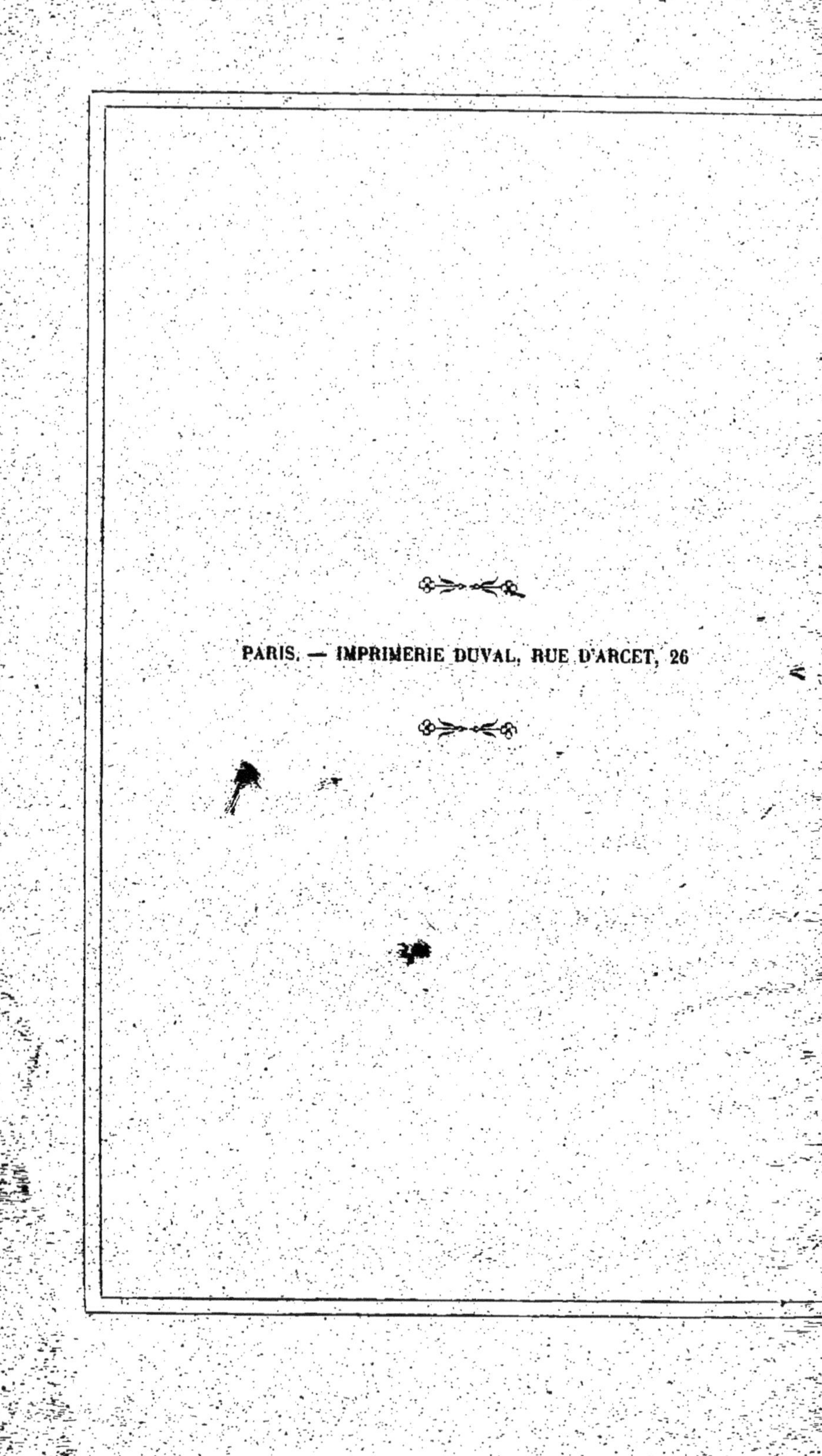

PARIS. — IMPRIMERIE DUVAL, RUE D'ARCET, 26

www.ingramcontent.com/pod-product-compliance
Ingram Content Group UK Ltd.
Pitfield, Milton Keynes, MK11 3LW, UK
UKHW022156260726
13993UKWH00005B/2414

9 782019 923471